MI CUERPO
MI CUERPO TIENE
OÍDOS

AMY CULLIFORD

Traducción de Milly Blanco

Un libro de Las Raíces Plus de Crabtree

CRABTREE
Publishing Company
www.crabtreebooks.com

T0020354

Apoyos de la escuela a los hogares para cuidadores y maestros

Este libro ayuda a los niños en su desarrollo al permitirles practicar la lectura. Abajo están algunas preguntas guía para ayudar al lector a fortalecer sus habilidades de comprensión. En rojo hay algunas opciones de respuesta.

Antes de leer:
- ¿De qué pienso que tratará este libro?
  - *Pienso que este libro trata sobre mis oídos.*
  - *Pienso que este libro trata sobre cómo usamos nuestros oídos para escuchar.*
- ¿Qué quiero aprender sobre este tema?
  - *Quiero aprender sobre las partes del oído.*
  - *Quiero aprender cómo los oídos escuchan los sonidos.*

Durante la lectura:
- Me pregunto por qué...
  - *Me pregunto por qué tengo una oreja a cada lado de mi cabeza.*
  - *Me pregunto por qué algunas personas no pueden oír.*
- ¿Qué he aprendido hasta ahora?
  - *Aprendí que algunas personas tienen orejas grandes y otras tienen orejas pequeñas.*
  - *Aprendí que los oídos pueden escuchar sonidos altos y bajos.*

Después de leer:
- ¿Qué detalles aprendí de este tema?
  - *Aprendí que mi cerebro me dice lo que estoy escuchando.*
  - *Aprendí que algunas personas usan audífonos para ayudarles a oír.*
- Lee el libro una vez más y busca las palabras del vocabulario.
  - *Veo las palabras **sonidos suaves** en la página 12 y la palabra **sordos** en la página 17. Las demás palabras del vocabulario están en la página 23.*

Tú tienes dos **orejas**.

¡Hay una oreja a
cada lado de tu cabeza!

Las orejas pueden ser grandes o pequeñas.

¿Escuchastes eso?

¡Escucho una canción!

Tus oídos te ayudan a oír.

¡Tú **cerebro** te dice
lo que estás escuchando!

Tus oídos te ayudan a escuchar **sonidos suaves**.

¡Tus oídos también te ayudan a escuchar **sonidos fuertes**!

Tus oídos te ayudan a encontrar de dónde proviene un sonido.

¡Yo puedo oír el
maullido del gato!

Algunas personas no pueden oír sonidos. Ellos son **sordos**.

Es posible que utilicen **audífonos** para ayudarlos a oír mejor.

¡Yo uso mis oídos
todos los días!

Lista de palabras
Palabras básicas

a	escuchando	pueden
algunas	eso	que
ayudarlos	estás	ser
cabeza	gato	sonido
cada	grandes	también
canción	hay	tienes
de	lado	todos
días	lo	tú
dice	mis	tus
dos	o	una
dónde	oír	uso
el	pequeñas	yo
ellos	personas	
encontrar	proviene	

Palabras para conocer

audífonos

cerebro

orejas

sonidos fuertes

sonidos suaves

sordos

MI CUERPO
MI CUERPO TIENE
OÍDOS

Written by: Amy Culliford
Translation to Spanish: Milly Blanco
Designed by: Rhea Wallace
Series Development: James Earley
Proofreader: Janine Deschenes
Educational Consultant: Marie Lemke M.Ed.
Photographs:
Shutterstock: Matt Hahnewald: cover, p. 3; Larysa Dubinska: p. 4; Prostock-studio:
    p. 5; Africa Studio: p. 7, 16; Wavebreakmedia: p. 8; Allsald: p. 9; Sutadimages:
    p. 11; Alexander Jitarev: p. 12; Galyna Andrushko: p. 15; Insta_photos: p. 17;
    Peakstock: p. 19; ESB Professional: p. 21

Library and Archives Canada Cataloguing in Publication	Library of Congress Cataloging-in-Publication Data
CIP available at Library and Archives Canada	CIP available at Library of Congress

Crabtree Publishing Company

www.crabtreebooks.com   1-800-387-7650

Published in the United States
Crabtree Publishing
347 Fifth Avenue, Suite 1402-145
New York, NY, 10016

Published in Canada
Crabtree Publishing
616 Welland Ave.
St. Catharines, ON, L2M 5V6